P. Benedikt Bockemühl / Ulrike Pfister

Die allerbesten Bewegungspausen

Originell – sofort einsetzbar – schülergetestet

Ideen für die Praxis

BRIGG Pädagogik

Gedruckt auf umweltbewusst gefertigtem, chlorfrei gebleichtem
und alterungsbeständigem Papier.

1. Auflage 2009
Nach den seit 2006 amtlich gültigen Regelungen der deutschen Rechtschreibung
© by Brigg Pädagogik Verlag GmbH, Augsburg
Alle Rechte vorbehalten.
Das Werk und seine Teile sind urheberrechtlich geschützt. Jede Nutzung in anderen als den gesetzlich zugelassenen Fällen bedarf der vorherigen schriftlichen Einwilligung des Verlages. Hinweis zu § 52a UrhG: Weder das Werk noch seine Teile dürfen ohne eine solche Einwilligung eingescannt und in ein Netzwerk eingestellt werden. Dies gilt auch für Intranets von Schulen und sonstigen Bildungseinrichtungen.

ISBN 978-3-87101-**503**-8   www.brigg-paedagogik.de

Inhalt

Vorwort 4
Ein bisschen Wissenschaft muss sein 6
Hinweise zur Durchführung 7
Erfolgsgarantie 9

Aktivierungsübungen

Pferderennen 12
Riese, Mensch und Zwerg 14
Anton Ausdauer 16
Schilager 18
Fingerkunst 20
Buchstabenkünstler 22
Kraftakt: Einen Elefanten heben 24
Steh' still und berühr' mich nicht 26
Augsburger Puppenkiste 28
Überkreuzen, puh' ganz schön schwer 30
Steine zerquetschen 32
Halber Stuhl 34
Roboter 36
Bildtelefon 38
Simon says 40

Entspannungsübungen

Einmal eine Semmel sein 44
Körperreise – die blaue Atmung 46
Wettermassage 48
Die Ameise und das Buch 50
Wiesenwanderung 52

Literaturverzeichnis 54

Vorwort

Montag: 9.58 Uhr

Dritte Stunde. Deutsch.

Die Klassenlehrerin hat mit den Kindern heute schon die Adjektive wiederholt, dann die Kommaregeln durchgenommen und diese anschließend in einem Aufsatz überprüft. Jetzt geht sie zum nächsten Thema über und stellt Martin Fragen zu einem Text. Doch Martin – ein sonst aufmerksamer und problemloser Schüler – kann nicht mehr aufpassen, schließlich müssen er und seine Mitschüler sich schon über einen geraumen Zeitraum hinweg intensiv konzentrieren. Minutenlang rutscht er bereits nervös auf seinem Stuhl herum. Wie gerne würde er eine klitzekleine Pause machen, sich einfach ein bisschen strecken oder im Klassenzimmer umhergehen. Die Lehrerin seufzt und ruft ein anderes Kind auf – sie muss den Text bis zum Stundenende noch durcharbeiten, morgen ist das nächste Thema des Lehrplans an der Reihe. Doch auch der Rest der Klasse hört längst nicht mehr richtig zu, sondern zappelt unruhig hin und her. Keiner hat mehr große Lust, diese lange Geschichte zu lesen. Nach 15 Minuten klingelt es endlich zur Pause und wie der Wind rennen Martin und seine Mitschüler nach draußen. Die Lehrerin ist erleichtert: Text geschafft! Martin auch: Endlich darf er sich bewegen!

Die geschilderte Situation ist wahrscheinlich keinem Grundschullehrer unbekannt. Häufig kommt es vor, dass Kinder nach einer gewissen Zeit dem Unterricht nicht mehr konzentriert folgen können und stattdessen unbewusst nach Bewegung drängen. Dieser Wunsch wird ihnen jedoch häufig nicht erfüllt. Gerade für eine gesunde Entwicklung ist Bewegung im jüngeren Alter aber nicht nur wichtig, sondern geradezu von unschätzbarem Wert. Kinder bewegen sich nicht, weil dadurch ihr Herz-Kreislauf-System belastet oder ihre Haltung verbessert wird, sondern weil Bewegung ihnen Freude macht.[1] Deshalb sollte diesem natürlichen Bedürfnis nicht nur in der großen Pause entsprochen werden, sondern auch dann, wenn es unmittelbar eingefordert wird – nämlich während des Unterrichts. Haben Kinder eine anstrengende Konzentrationsphase hinter sich gebracht, muss man dieser mit einem entsprechenden Erholungsabschnitt begegnen, will man das übergeordnete Ziel einer nachhaltigen Unterrichtsvermittlung erreichen.

Demgegenüber zeigt das obige Beispiel auch deutlich auf, dass die Lehrer durch konkrete Themenangaben an einen straffen Unterrichtsplan gebunden sind. Es soll deshalb nicht gefordert werden, Lehrkräfte müssten jede kleinste Unruhe ihrer Klasse mit einem umfassenden Sport- und Fitnessprogramm beantworten. Eine angemessene Reaktion bestünde vielmehr in einer kurzen Unterrichtsunterbrechung, bei der Lehrer und Schüler in gleichem Maße durch geeignete Bewegungseinheiten Erholung finden und neue Kraft schöpfen, um den folgenden Unterricht konzentrierter angehen zu können.

Für solche kurze Pausen gibt es bereits auch einen Namen – die so genannten *Bewegungspausen*. Als Bestandteil vieler pädagogischer Konzepte zum Thema „Bewegung in der Schule" vertritt die Bewegungspause eine kurze, mehrminütige Unterrichtsunterbrechung, in der die Kinder sich auf vielfältige Weise bewegen dürfen, um für die anschließenden Unterrichtsstunden wieder fit zu sein.

Entstehungsgeschichte der vorliegenden Bewegungspausen

Bei näherer Beschäftigung mit dem Thema stellte sich heraus, dass viele Lehrer keine geeigneten Übungen kennen. Andere verzichteten auf Grund des vermeintlich hohen Aufwands auf die Integration von Bewegungspausen in ihrem Unterricht.

---

[1] Zimmer (1995, 24)

Ausgehend von diesen Erkenntnissen entstand die Idee, ein optimiertes Konzept der Bewegungspausen zu entwickeln. Der vorliegende Bewegungskatalog, der zugleich Kernstück einer wissenschaftlichen Arbeit an der Universität Augsburg darstellt, ist das Produkt dieses Optimierungsprozesses.

Ziel war es, die Bewegungszeit im Klassenzimmer an die Bedürfnisse der Kinder anzupassen, ohne dabei neueste Erkenntnisse der Lernpsychologie und Gehirnforschung zu vernachlässigen. Zudem sollten methodische und didaktische Vorkenntnisse nicht erforderlich sein, damit der Einsatz im Klassenzimmer von allen Kräften leicht realisierbar bleibt. Ein halbes Jahr Forschungsarbeit und eine sich anschließende qualitative Teststudie in vielen Schulklassen waren erforderlich, um diese für den Unterrichtsalltag optimierten Bewegungspausen zu erstellen.

Ein bisschen Wissenschaft muss sein

Die richtig durchgeführte Bewegungspause steigert die Konzentration und Leistungsbereitschaft der Schüler. „Es kommt [durch die Bewegungsübungen] zu einer Aktivierung des Sympathikus (Erregungsnerv), dadurch zur Anregung des Herz-Kreislauf-Systems und damit verbunden zu einer besseren Energieversorgung des Körpers. Ermüdungserscheinungen kann somit vorgebeugt werden",[2] da dieses System „die energetischen Voraussetzungen für die geistige Leistungsfähigkeit schafft"[3], besonders durch Koordination und Feinmotorik ansprechende Aufgaben. Da man das vegetative Nervensystem aber als Einheit sehen muss, darf man den Parasympathikus nicht außer Acht lassen, da dieser „alle Vorgänge, die der Erholung dienen (Ökonomisierung der Herztätigkeit, Verengung der Atemwege, Aktivierung der Darmtätigkeit, u. a.)"[4] verbessert.

Die einzelnen, durch die Verfasser konzipierten aktivierenden Bewegungsübungen berücksichtigen beide nervalen Aspekte in Form von Aktivierungs- und Entspannungsübungen.

Die Aktivierungsübungen beziehen sich auf die sympathische Wirkung und enthalten die Phasen: Aktivierung, Vitalisierung und Beruhigung. Der Körper ist träge. Er braucht eine kurze Aufwärmphase, um Kreislauf und Atmung vom Ruhezustand (Sitzen) auf Bewegung umzustellen. Dann erfolgt die Vitalisierung, der eigentliche Abbau des natürlichen Bewegungsdrangs. Schließlich wird durch eine Ausklangübung eine beruhigende Phase eingeleitet. Diese ist wichtig, damit der Unterricht in geordneten Bahnen weiterlaufen kann. Brauchen die Schüler jedoch eine beruhigende Pause, finden sich im Bewegungskatalog dementsprechende Entspannungsübungen, die die parasympathische Seite berücksichtigen. In der Konsequenz ergeben sich Zeitpunkte, in denen eine Entspannung besser wirkt als eine Aktivierung der Schüler und umgekehrt. Zur Durchführung der Entspannungseinheiten wird der Einsatz ruhiger Musik empfohlen.

Wie bereits angemerkt, stellte sich bei der Augsburger Vollerhebung heraus, dass die Lehrer keine geeigneten Übungen zu kennen scheinen[5] oder eine einfache Handhabung nicht gewährleisten. Betrachtet man zum Beispiel die Handreichungen „Bewegte Grundschule" des Kultusministeriums Bayern, so kann man durchaus Übungsanregungen finden, doch eine fertige fünfminütige Einheit, die die hier dargestellten Forderungen erfüllen kann, sucht man leider vergebens. Auch in dieser Hinsicht kann die Bewegungspause optimiert werden. Der entwickelte Übungskatalog setzt diese Forderung um, weil hier die Übungen bereits zu fertigen Bewegungspaketen zusammengestellt wurden.

→ Die optimierte Bewegungspause beinhaltet aktivierende und entspannende Bewegungsübungen, die bereits in entsprechenden Blöcken ausgearbeitet vorliegen.

---

2 Müller (1999, 85)
3 Müller (1999, 49)
4 Müller (1999, 50)
5 vgl. Steichele (2003, 118)

Hinweise zur Durchführung

Die optimierte Bewegungspause sollte vor allem zum richtigen Zeitpunkt eingesetzt werden, was meist nach einer längeren Konzentrationsphase der Fall ist. Durch eine gezielte Beobachtung der Schüler lässt sich der richtige Moment schnell festlegen.

Da der Grad der Erholung nicht direkt proportional zur Länge einer Pause ist[6], sind die Übungen für wenige Minuten konzipiert. In der Literatur lassen sich Zeitangaben von drei bis 15 Minuten finden. Es scheint sich allerdings bewährt zu haben, eine Aktivierungspause von circa fünf Minuten Länge durchzuführen[7]. So kommt auch die Regensburger Projektgruppe zum Schluss, dass zum Beispiel „mehr als fünf Minuten für gemeinsames Bewegen im Klassenverband […] nur in Ausnahmefällen realisierbar sein" wird.[8]

Für eine Entspannungspause muss allerdings der Zeitrahmen verlängert werden, damit die gewünschte Erholung eintreten kann. Insbesondere durch die Hin- und Rückführung in eine Phantasiereise vergrößert sich der Zeitbedarf, denn um die Entspannungsphase zu erreichen, muss zunächst eine angenehme Atmosphäre geschaffen werden. Eine ruhige und bequeme Körperhaltung sowie die ruhige und sanfte Stimme der Lehrkraft können helfen, diese Atmosphäre zu schaffen. Nach der Entspannungsphase soll eine so genannte Rückführung erfolgen, welche den Kindern hilft, „sanft, aber bestimmt in die Realität zurückzukehren"[9].

Auf Grund dieser drei Phasen bei Entspannungsübungen und Phantasiereisen muss der Zeitrahmen von fünf auf circa acht Minuten ausgedehnt werden können. Die Wichtigkeit der Entspannung wird bereits von Maria Montessori betont, die feststellte, „dass Kinder sich oft Stille wünschen, weil sie [die Entspannung] ein Gegengewicht zum hektischen Alltag darstellt"[10].

Da die Lehrkräfte eine Bewegungspause auf Grund der hier gewonnen Erkenntnisse nur im Klassenzimmer durchführen[11] (sollen), wird dieses Konzept so gestaltet, dass die Durchführbarkeit auch in kleinen Schulräumen möglich ist. Zusätzlich kommen fast alle der entwickelten Übungen gänzlich ohne Materialeinsatz aus. Für den Großteil wird lediglich ein Stuhl oder Tisch benötigt.

Sinnvoll erscheint, dass der Lehrer keine dozierende Rolle einnimmt, sondern vielmehr die Wichtigkeit und Normalität der Bewegung durch seine Beteiligung an der Bewegungspause ausdrückt. Denn die Aktivität soll *Normalität* werden. Auch die Schüler sollen sich einbringen dürfen und an der Art und Umsetzung einer aktiven Unterbrechung mitwirken können. Im Idealfall werden die Schüler, intrinsisch motiviert, eine Aktivierungs- oder Entspannungspause mit der Zeit von selbst einfordern.

> → Die optimierte Bewegungspause dauert 5–8 Minuten, wird – wenn möglich – bei offenen Fenstern im Klassenzimmer durchgeführt, benötigt wenige Hilfsmittel und fordert den Einsatz des Lehrers und der Schüler ein.

Einfache Durchführbarkeit

Das Ziel der Verfasser liegt darin, ein Konzept zu schaffen, das die Wünsche der Lehrer nach einem verbesserten Umgang mit dem Element Bewegungspause aufgreift. Deswegen müssen die hohen wissenschaftlichen Ansprüche an die einzelne Pause reduziert werden, ohne jedoch die Ziele des Gesamtkonzeptes der „Bewegten Schule" aus den Augen zu verlieren. Die optimierte Bewegungspause wird deshalb hauptsächlich zwei Ziele der vielfältigen Vorgaben des Gesamtkonzepts der

---

6 Bayerisches Staatsministerium für Unterricht und Kultus (2001, 11) zitiert nach Hellbrügge (1966)
7 vgl. Regensburger Projektgruppe (1999, 161)
8 Regensburger Projektgruppe (2001, 173)
9 Knauf/Politzky (2000, 60), zitiert nach Teml (1992, 16)
10 Lütgeharm (1999, 57)
11 vgl. Regensburger Projektgruppe (2001, 173)

„Bewegten Schule" herausgreifen, da diese im Rahmen dieses Einzelbausteines am besten umzusetzen sind: Die Förderung der Konzentration und den Abbau von Müdigkeit und Bewegungsdrang.

Zusätzlich soll mit der Entwicklung des Übungskatalogs eine Hilfe gegeben werden, um die Kluft zwischen dem theoretischen Anspruch und der praxisnahen Umsetzung ein Stück weit zu schließen. Rudi Lütgeharm schreibt: „Kinder brauchen für ihre gesunde und normale Entwicklung ‚tägliche' Bewegungsanlässe. Bewegung in vielfältiger Form wirkt sich fördernd auf die körperliche und organische Belastungsfähigkeit aus. [...] Körper und Geist sind nur dann leistungsfähig, wenn ein stetiger Wechsel zwischen Anspannung und Entspannung stattfindet."[12]

> → Die optimierte Bewegungspause reduziert theoretische Ansprüche zu Gunsten einer höheren Praktikabilität und dient den übergeordneten Zielen der Konzentrationsförderung und dem Abbau von Müdigkeit und Bewegungsdrang.

Idee des Schüler-Rankings

Die bisher vorhandene und veröffentliche Literatur zur „Bewegten Schule" und speziell zur Bewegungspause enthält nach Kenntnis der Autoren keine Hinweise auf einen Einbezug der Schüler in die Entwicklung von Bewegungseinheiten.

Die Meinung der Schüler darf nicht vernachlässigt werden. So wurde ein Schüler-Ranking über die einzelnen Bewegungspausen eingeführt. Diese Befragung der Schüler war rein subjektiver Natur, um zu erfahren, wie die jeweiligen Pausen den Schülern gefallen haben. Im fertigen Katalog findet sich diese Meinung in Form von Sternen wieder. Je mehr Sterne, desto besser empfanden die an der Versuchsphase teilnehmenden Schüler die Aufgaben.

Definition der optimalen Bewegungspause

Die Autoren haben versucht, ein Profil einer idealen Bewegungspause auszuarbeiten und hier darzustellen. Diese neue Form der Bewegungspause setzt die aus der Literatur gewonnenen Erkenntnisse und Forderungen um. Daher definiert sich die neue, schulorientierte und praxisnahe Bewegungspause folgendermaßen:

> → Bei der optimierten Bewegungspause handelt es sich um eine fünf- bis achtminütige aktivierende bzw. entspannende Bewegungsunterbrechung während des Unterrichts, die im Klassenzimmer bei möglichst geöffneten Fenstern und mit minimalen Hilfsmitteln ausgeführt wird. Sie dient dazu, Ermüdungserscheinungen abzubauen, natürliche Bewegungsbedürfnisse zu befriedigen, die Konzentration zu verbessern und die Aktivität der Schüler am Unterrichtsgeschehen zu steigern.

---

12 Lütgeharm (1999, 12)

Erfolgsgarantie

Dieses Buch ist ein Angebot. Der eigentliche Erfolg der Bewegungspausen hängt von den Personen ab, die sie anwenden.

Der Katalog erfüllt die Absicht, Lehrkräften ein konkretes Hilfsmittel zu bieten, vor allem jenen, die in dieser Hinsicht wenig Erfahrung, Zeit oder Möglichkeiten haben, sich dementsprechendes Material zu beschaffen. Daher ist dieses Werk auch ohne jegliche Vorkenntnisse direkt einsetzbar. Für alle anderen, die bereits mit der Thematik vertraut sind, kann er als weitere Anregung oder zusätzliche Ideensammlung gelten.

Doch ungeachtet dessen, welche Funktion der optimierte Übungskatalog in Ihrem Klassenzimmer einnimmt, stellt er vorrangig den Versuch dar, den zukünftigen Umgang mit der Bewegungspause zu verbessern und zu erleichtern.

Es wäre schön, wenn dieser Versuch gelänge!

Freitag: 11.46 Uhr
5. Stunde. Mathe.

Die Klassenlehrerin stellt Fragen zur Addition und Subtraktion bis 1000. Nicht nur Martin rutscht schon seit fünf Minuten nervös auf seinem Stuhl herum. Er und einige weitere Schüler haben Mühe, dem Unterricht konzentriert zu folgen. Die Lehrerin bemerkt es. „Kommt Kinder, wir machen jetzt alle eine kurze Pause und bewegen uns!", sagt sie. Seit sie vor einigen Tagen von einer Kollegin einen Übungskatalog mit Bewegungspausen bekommen hat, probiert sie diese mit den Schülern immer öfter und mit wachsender Zufriedenheit aus. Die Unterbrechungen scheinen den Kindern gut zu tun, denn im Anschluss geht es mit dem Lernen stets besser voran als davor.

Auch die Schüler sind begeistert, denn sie wissen bereits, was nun folgt. Gemeinsam wird entschieden, welche Bewegungsübung gemacht werden soll...

Nachdem jeder mit großem Spaß im imaginären Pferderennen Hindernisse übersprungen, sich in die Kurve gelegt, den Zuschauern gewunken und im Schlusssprint die Ziellinie überquert hat, wird noch einmal alles ausgeschüttelt und einige Male tief durchgeatmet. Danach setzen sich alle wieder hin und schauen aufmerksam nach vorn.

Die Lehrerin fühlt sich gut. Martin erst recht. Sie haben sich beide bewegt!

Aktivierungsübungen

„Pferderennen"

Übung 1

🕐

6 Minuten

Schülerwertung

★★★★☆

Typ
Bewegungsgeschichte

Material
Stuhl

Organisationsform
Gruppenübung
(Einzelübung)

Hinweise

- Die Schüler sollten im Stuhlkreis sitzen.

- Ist aus organisatorischen Gründen ein Stuhlkreis nicht möglich, können die Schüler im Kreis knien.

- Alternativ können die Schüler auch an ihren Plätzen bleiben, wobei der Spaßfaktor dann geringer ist.

„Pferderennen"

Hinführung

Heute besuchen wir ein Pferderennen.
Dort gibt es viel zu sehen und vieles passiert fast gleichzeitig. Jeder von euch ist ein Jockey (Reiter) und im Rennen könnt ihr euer Pferd antreiben, indem ihr mit den Händen auf eure Oberschenkel klatscht.

Durchführung

Vor dem Rennen gehen die Pferde vor der Haupttribüne auf und ab und stellen sich den Zuschauern vor. *(Hände klatschen abwechselnd ruhig auf die Oberschenkel)*
Die Zuschauer begrüßen die Pferde. *(Applaus)*
Die Kinder jubeln den Pferden zu. *(Beide Arme heben, wild winken)*
Die Kameraleute beginnen zu filmen. *(Pantomimisch filmen, Kurbelbewegungen der Hand)*
Die Pferde gehen in die Startboxen und kommen dort langsam zur Ruhe. *(Oberschenkelklatschen, das leiser wird und verstummt)*
Das Startkommando! Fertig, los! Die Pferde stürmen heraus, das Rennen beginnt. *(Schnelles Oberschenkelklatschen)*
Die Zuschauer jubeln. *(Die Hände hoch strecken und jubeln)*
Die Pferde laufen über eine Brücke. *(Mit den Fäusten auf die Brust trommeln)*
Es geht weiter in die Rechtskurve. *(Schnelles Oberschenkelklatschen, Rechtslage)*
Das Hindernis, eine Hecke, wird übersprungen. *(Sprungbewegung mit Armen)*
Die Linkskurve kommt. *(Oberschenkelklatschen, Linkslage)*
Die Zuschauer jubeln. *(Die Hände hoch strecken und jubeln)*
Die zweite Brücke kommt. *(Mit den Fäusten auf die Brust trommeln)*
Wieder eine Hecke. *(Sprungbewegung mit Armen)*
Direkt gefolgt vom Doppelhindernis. *(2x Sprungbewegung mit Armen)*
Die zweite langgezogene Rechtskurve. *(Oberschenkelklatschen, Rechtslage)*
In der Kurve, das letzte Hindernis. *(Rechtslage, Sprungbewegung mit Armen)*
Es geht wieder geradeaus. Endlich der Zieleinlauf. Die Pferde werden schneller. *(schnelleres Oberschenkelklatschen)*
Die letzten Meter! Der Schlussspurt. *(Noch schnelleres Klatschen)*
Die Zuschauer jubeln. *(Die Hände hoch strecken und jubeln)*
Die Kameraleute filmen. *(Pantomimisch filmen, schnelle Kurbelbewegungen der Hand)*
Die Pferde sprinten die letzten Meter. *(Sehr schnelles Oberschenkelklatschen)*
Die Pferde laufen über die Ziellinie. Zielfoto! *(Eine Grimasse in die Kamera schneiden)*
Gewonnen! *(Hände in die Luft reißen und jubeln)*

Frei nach einer Idee von: GUV Westphalen-Lippe et. al. (1999, 46)

"Riese, Mensch und Zwerg"

Übung 2

7 Minuten

Schülerwertung

★★★★☆

Typ
Bewegungsgeschichte

Material
Stuhl

Organisationsform
Einzelübung

Hinweise

- Die Schüler stellen ihren Stuhl so auf, dass ein Hinauf- und Herabsteigen gefahrlos möglich ist. Neben dem Stuhl sollten die Schüler in die Hocke gehen können.

- In manchen Klassen kann es sinnvoll sein, wenn die Schüler nicht auf den Stuhl steigen, sondern sich nur am Platz in die Höhe strecken.

Bockemühl/Pfister: Die allerbesten Bewegungspausen
© Brigg Pädagogik Verlag GmbH, Augsburg

„Riese, Mensch und Zwerg"

Hinführung

Ich lese euch eine Geschichte vor. Jedes Mal, wenn „RIESE" vorkommt, stellt ihr euch auf euren Stuhl und streckt die Arme hoch. Wenn ihr „ZWERG" hört, macht ihr euch neben eurem Stuhl ganz klein. Stellt euch normal aufrecht hin, wenn „MENSCH" vorkommt.

Durchführung

Der **Riese** und der **Zwerg**

Es waren einmal ein **Riese** und ein **Zwerg**. Sie waren dicke Freunde und lebten zu einer Zeit, als es noch nicht viele **Menschen** auf der Erde gab.
Da sie sich so gut verstanden, unternahmen der **Riese** und der **Zwerg** oft Ausflüge.
Eines Tages hatte der **Zwerg** einen **riesigen** Einfall: „**Mensch**, **Riese**, heute machen wir eine **riesige** Bergtour ins **Riesen**gebirge".
Der Zwerg packte sogleich eine **riesige** Tasche, seine **Zwergen**mütze und **Zwergen**stiefel, und dann zogen der **Riese** und der **Zwerg** los.
Bald trafen sie auf ein paar Menschen, die einen **Zwerg**pudel dabei hatten. Die **Menschen** grüßten den **Riesen** und den **Zwerg**: „Hallo **Riese**. Hallo **Zwerg**!" Und der **Riese** und der **Zwerg** grüßten die **Menschen** und den **Zwerg**pudel.
Der **Riese** und der **Zwerg** hatten große Mühe, auf den un**menschlich riesigen** Berg zu gelangen, den aber schon viele **Zwerge**, **Riesen** und **Menschen** bestiegen hatten und der **Riese** jammerte: „**Mensch**, **Zwerg**, ist das ein **riesiger** Berg! Gegen den bin sogar ich **Riese** ein **Zwerg**!"
Schließlich waren sie aber auf dem Gipfel des **riesigen** Berges angelangt, wo sie nach einer kleinen Pause ein paar Frucht**zwerge** aßen.
Da hatte der **Riese** eine Idee: „**Mensch**, **Zwerg**, lass uns einfach unsere **Riesen**- und **Zwergen**kleider tauschen!" Das taten sie dann auch. Der **Riese** zwängte sich in die **Zwergen**sachen und der **Zwerg** zog die **Riesen**kleider an.
Da plötzlich erblickten sie etwas; sie wagten ihren **Zwergen**augen und **Riesen**augen kaum zu trauen, denn da stand, nein, kein **Mensch**, kein **Riese** und auch kein **Zwerg**, sondern ein … **Riesenzwerg**.

Varianten

- Durch die Lesegeschwindigkeit kann der Grad der Aktivierung verändert werden.
- Der Riese und der Zwerg können ein neues Unterrichtsthema einleiten …

Frei nach einer Idee von: Unbekannte Quelle

Übung 3

„Anton Ausdauer"

6 Minuten

Schülerwertung

★★★☆☆

Typ
Kondition, Vitalisierung

Material
Stuhl

Organisationsform
Einzelübung

Hinweise

- Die Schüler stellen ihren Stuhl so auf, dass ein Hinauf- und Herabsteigen gefahrlos möglich ist.

- Neben jedem Stuhl muss ausreichend Bewegungsraum zur Verfügung stehen. (Mindestens ausgebreitete Arme!)

- Jede Aufgabe ca. 30 Sekunden lang durchführen.

Bockemühl/Pfister: Die allerbesten Bewegungspausen
© Brigg Pädagogik Verlag GmbH, Augsburg

„Anton Ausdauer"

Aktivierung

Hinführung

Jetzt möchte ich euch ein paar Übungen vorstellen, die sich mein Freund Anton ausgedacht hat.
Anton ist sehr kräftig und ich hoffe, ihr könnt mithalten.

Durchführung

1. **Fußrollen** – ohne den Boden zu verlassen, auf die Zehenspitzen stellen und langsam wieder abrollen.

2. **Einbeinig springen.** Kleine Hopser zuerst rechts, dann links.
   Dann mit Knieheben.

3. **Hampelmänner springen.** *(Evtl. mit verschiedenen Rhythmen. Zip-Pause-Zap, oder Zip-Zap-Pause, oder Zip-Zap-Zip-Zap-Pause, oder …)*

4. **Drehsprünge.** Eine viertel, halbe, dreiviertel Drehung springen.

5. **Drehsprünge.** Einbeinig, links, rechts. *(Aus der Hocke …)*

6. **Stuhlsteigen.** Jeder soll auf seinen Stuhl steigen. Oben ganz strecken. Langsam(!) herabsteigen.

7. **Beine lockern.** *(„Ausschütteln")*

8. **Je nach Zeit:** Die Kinder können an dieser Stelle eigene Anregungen und Ideen einbringen!

Ausklangübung

9. **Körperpendel.** Die Hüfte kreist in alle Richtungen und zentriert sich langsam zur Körpermitte hin. Die Beine stehen schulterbreit, fest am Boden.

Frei nach einer Idee von: Kratzel/Brink (1999, o. S.)

„Schilager"

Übung 4

5 Minuten

Schülerwertung

★★★☆☆

Typ
Kondition, Vitalisierung

Material
Schnelle rhythmische Musik

Organisationsform
Einzelübung

Hinweise

- Den Schülern sollte ausreichend Bewegungsraum zur Verfügung stehen. (Ausgebreitete Arme!)

- Jede Aufgabe ca. 30 Sekunden lang durchführen.

- Je nach Fitnessgrad der Klasse können die Übungen nahezu beliebig ergänzt werden.

„Schilager"

Hinführung

Stellt euch vor, ihr wollt in den Ferien in ein Schilager fahren. Dort werdet ihr an einem Rennen teilnehmen. Für dieses Rennen wollen wir uns vorbereiten und beginnen heute mit den Übungen.

Durchführung

1. **Twist-Sprünge.** Kleine, schnelle Sprünge, bei denen die Füße abwechselnd nach links und rechts gedreht werden. Arme werden in entgegengesetzter Richtung geschwungen.

2. **Strecksprünge.** Aus dem Fuß heraus gerade nach oben springen. Arme dabei mitnehmen und hochstrecken.

3. **Seitensprünge.** Pendelartig von links nach rechts springen – dabei berühren sich die Füße immer.

4. **Schritt-Sprünge.** Ähnlich der Langlauftechnik, wechselseitig in den Ausfallschritt springen. *(Füße stehen voreinander, wie auf dem Bild)* Dabei die Arme mitnehmen.

5. **Dehnen und Lockern.** *(Nur ca. 10 Sekunden dehnen, NICHT nachfedern(!), lieber Übung wiederholen.)*
    a. Füße zusammenstellen und mit den Fingerspitzen den Boden berühren. Beine gestreckt lassen.
    b. Fuß ans Gesäß bringen und mit Hand fassen. *(Zug im Oberschenkel)* Seitenwechsel.
    c. Grätschstand. Mit den Händen seitlich nach den Fußfesseln greifen.
    d. Körper verdrehen. Füße zeigen nach links – Kopf dreht sich soweit wie möglich nach rechts. *(Und umgekehrt)*

Ausklangübung

Grimassenschneiden. Die Gesichtsmuskeln an- und entspannen, z. B. den „Kampfblick" üben, Augen aufreißen, um die Slalomtore besser zu sehen. Lachen bei Zieleinfahrt.

Variante

Es kann auch für andere Sportarten „geübt" werden. (Fussball, Basketball, Schwimmen) Dabei müssen evtl. einige Übungen leicht abgewandelt werden.

Idee: Die Autoren

„Fingerkunst"

Übung 5

5 Minuten

Schülerwertung

★★★☆☆

Typ
Kondition, Konzentration, Brain-Gym

Material
Kein Material erforderlich

Organisationsform
Einzelübung

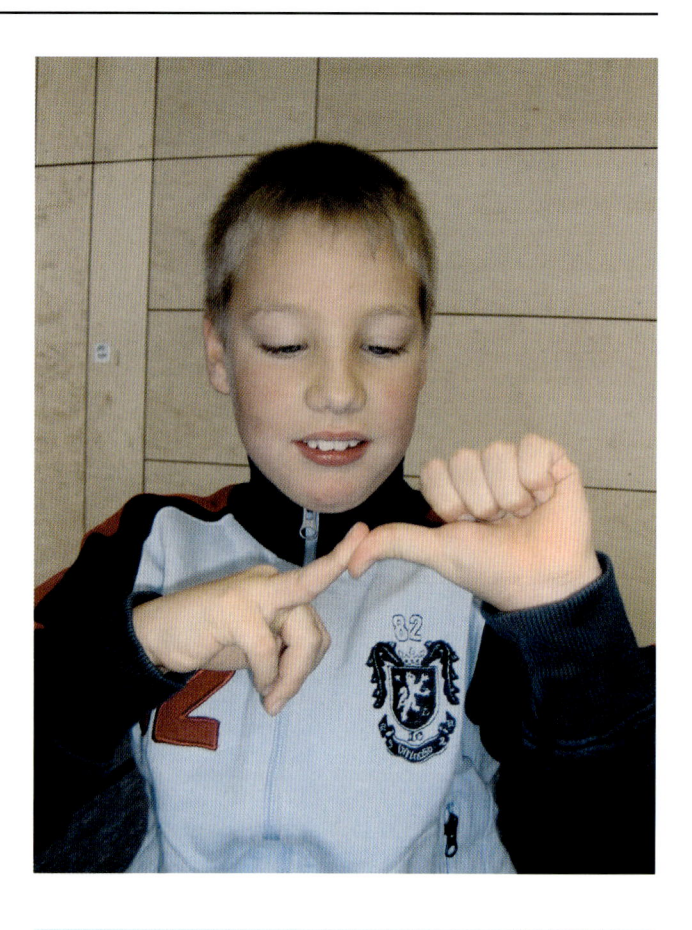

Hinweise

- Besonders geeignet nach langen Hefteinträgen, um die Finger zu lockern und die Konzentration zu fördern.

- Lassen Sie den Schülern genug Zeit, die Bewegungen zu probieren und zu üben.

- Der Versuch zählt! Die Schüler werden nicht alle Übungen auf Anhieb meistern, doch schon der Versuch regt das Gehirn entsprechend an …

„Fingerkunst"

Hinführung

Klavierspieler müssen vor einem Konzert ihre Finger gut anwärmen, damit sie perfekt spielen können.
Probieren wir mal, ob auch wir diese Übungen schaffen …

Durchführung

1. **Daumenspiel.** Falte deine Hände abwechselnd so, dass einmal der linke Daumen, dann der rechte Daumen oben liegt. *(Finger ineinander „verzahnen")* Versuche möglichst schnell die Hände zu tauschen, ohne dass die Finger aneinander stoßen.

2. **Antippen.** Berühre mit der Spitze des Daumens alle Finger der anderen Hand – und umgekehrt.

3. **Ein- und Ausrollen der Finger.** Halte deine Hände nebeneinander, mit der Handfläche nach oben. Rolle nun alle Finger der Reihenfolge nach ein und wieder aus.
   (Von links nach rechts – z. B. li. Daumen, li. Zeigefinger, …, li. Kleiner Finger, re. Kleiner Finger, re. Ringfinger, …, re. Daumen und zurück)

4. **Schreibe mit den Zeigefingern** gleichzeitig deinen Vor- und Nachnamen in die Luft.

5. Jetzt die Buchstaben deines Namens **spiegelbildlich** in die Luft schreiben.

6. Strecke deine Arme nach vorne und lege die Hände so zusammen, dass die Fingerspitzen sich berühren. Die **Fingerspitzen kräftig zusammendrücken**.

7. **Knete deine Hände** kräftig durch. Schüttle sie aus und massiere die Knochen der einzelnen Finger.

Ausklangübung

Fingertrommeln. Setz dich an deinen Platz und schließe deine Augen.
Stell dir vor, an einem Klavier zu sitzen. Spiele mit den Fingern dein Lieblingslied auf deinem Tisch.

Frei nach einer Idee von: Kratzel/Brink (1999, o. S.)

"Buchstabenkünstler"

Übung 6

🕒 🔄

5 Minuten
(inkl. Wechsel)

Schülerwertung

★★★★☆

Typ
Koordination, Konzentration

Material
Kein Material erforderlich

Organisationsform
Einzelübung
Partnerübung

Hinweise

- Die Schüler sollten an ihrem Platz stehen und ausreichend Raum zur Verfügung haben.

- Anfangs Druckbuchstaben (und evtl. kürzere Wörter) vorgeben.

- Zu schreibende Wörter an Tafel fixieren.

- Lassen Sie den Schülern genug Zeit, die Bewegungen zu probieren und zu üben.

„Buchstabenkünstler"

Aktivierung

Hinführung
Eine ganz leichte Übung!
Wir üben heute das Schönschreiben – aber nicht mit unseren Händen …

Durchführung

1. Schreibe mit der Nasenspitze deinen Namen auf deinen Tisch.

2. Schreibe mit deinem linken Ellenbogen den Namen deines besten Freundes (besten Freundin) in die Luft.

3. Schreibe mit deinem rechten Fuß in großen Buchstaben den Namen deines Banknachbarn auf den Boden.

4. Schreibe mit deinem linken Knie „BEWEGUNG" in die Luft.

5. Jetzt noch eine Aufgabe für die Profis:
   Schreibe mit deinem Po „SCHULRANZEN".

Ausklangübung
Dein Banknachbar setzt sich verkehrt herum auf den Stuhl. Schreibe ihm/ihr ein schönes Wort in Druckbuchstaben auf den Rücken. Kann er/sie es erraten? Wechsel.

Varianten
1. Mit weiteren Körperteilen schreiben. (Kopf, Schulter, Fußspitze, …)
2. Schreibschrift verwenden. (teilweise sehr schwer)
3. Wörter mit der Hand des Partners schreiben.
4. Statt auf dem Rücken in die offene Handfläche des Partners schreiben.

Idee: Die Autoren

„Kraftakt: Elefanten heben!"

Übung 7

🕐 5 Minuten

Schülerwertung

★★★★☆

Typ
Haltungsförderung, Bewegungsgeschichte

Material
Stuhl

Organisationsform
Einzelübung

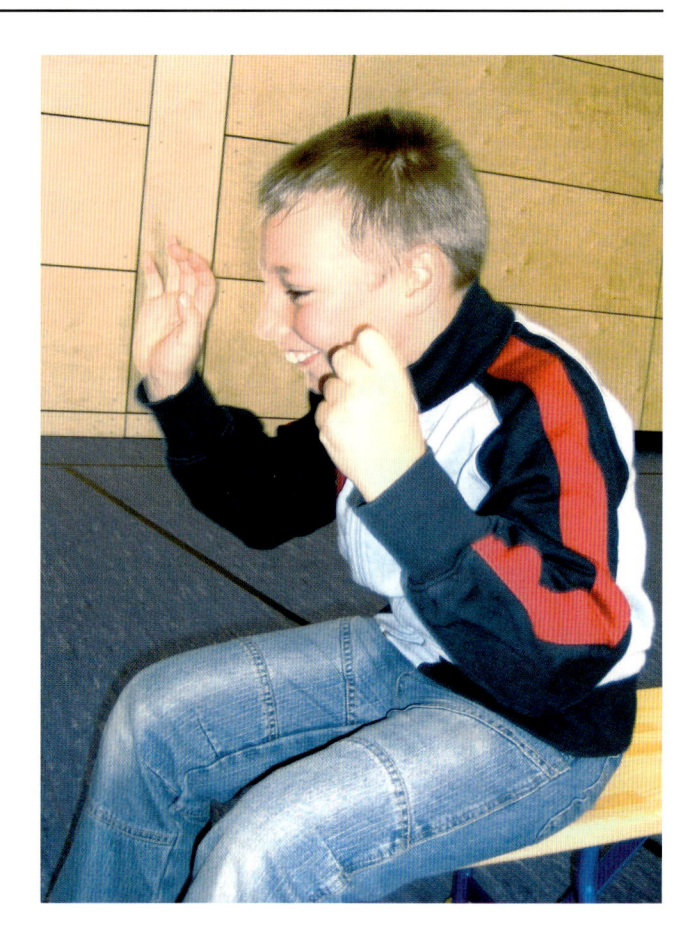

Hinweise

- Die Schüler sollten an ihrem Platz stehen und ausreichend Raum zur Verfügung haben.

- Lassen Sie den Schülern genug Zeit, die Bewegungen zu probieren und zu üben.

- Die Tische sollten von den Schülern nicht hochgestemmt werden.

„Kraftakt: Elefanten heben!"

Hinführung
Der Augsburger Zoo bekommt einen neuen Elefanten. Ihr müsst diesen Elefanten mit einem Transporter in Afrika abholen und in den Zoo fahren.

Durchführung

1. Mit deinem Fahrrad fährst du zum Augsburger Zoo.
   (Seitlich auf den Stuhl setzen und mit den Füßen Fahrrad fahren)

2. Dort holst du den LKW für den Transport ab und fährst nach Afrika.
   (Seitlich auf Stuhl sitzend pantomimisch LKW fahren)

3. In Afrika angekommen steigst du aus und streckst dich erstmal richtig.
   (Im Stehen die Arme und den Oberkörper gut strecken)

4. Bevor du den Elefanten einladen kannst, musst du deine Arme warm und kräftig machen. *(Schattenboxen in alle Richtungen)*

5. Jetzt musst du noch den Elefanten von der Herde wegschieben.
   (Die Arme seitlich ausstrecken und nach außen drücken, so als würde man versuchen, zwei Elefanten voneinander weg zu schieben. Dann vorwärts schieben)

6. Den Elefanten musst du nun in den LKW heben.
   (Die Arme nach oben nehmen und kräftig hoch drücken, so als wolle man einen Elefanten hoch stemmen)

7. Nun schnell zurück in den Zoo fahren.
   (Seitlich auf dem Stuhl sitzend pantomimisch LKW fahren)

8. Du musst den Elefanten vorsichtig wieder ausladen. *(Den Elefanten vor dem Bauch, mit geradem Rücken, heben und sanft [in die Knie gehend] absetzen)*

Ausklangübung

9. Die Fahrt hat super geklappt und du freust dich. Richtiger Jubel bricht aus. *(„Zappelphilipp": Aufstehen und mit allen Körperteilen gleichzeitig wackeln (Lockerung))* …
   … und gemütlich radelst du wieder nach Hause.
   (Seitlich auf den Stuhl setzen und mit den Füßen Fahrrad fahren)

Idee: Die Autoren

Übung 8

„Steh' still und berühr' mich nicht"

5 Minuten

Schülerwertung

★ ★ ★ ★ ★

Typ
Konzentration, Sensibilisierung

Material
Klanginstrument
(Signal kann auch durch Klatschen in die Hände gegeben werden)

Organisationsform
Gruppenübung

Hinweise

- Die Schüler sollten gefahrlos im Klassenzimmer umhergehen können. Besonders den Raum vor der Tafel nutzen.

- Stühle und Ranzen unter die Tische schieben.

- Je kleiner der Raum, desto schwieriger wird die Bewegungspause!

- Diese Übung hat einen großen Platzbedarf.

Bockemühl/Pfister: Die allerbesten Bewegungspausen
© Brigg Pädagogik Verlag GmbH, Augsburg

„Steh' still und berühr' mich nicht"

Aktivierung

Hinführung

Wichtig ist es, dass ihr möglichst leise auf euren Zehenspitzen und langsam durchs Zimmer lauft.
Wer einen anderen berührt, scheidet aus und muss an seinem Platz still auf- und abhüpfen. Wenn ich das Signal gebe, müsst ihr alle sofort stehen bleiben und dürft euch nicht bewegen, bis ich wieder das Signal gebe.

Durchführung

Die Schüler gehen (schleichen) langsam durch das Klassenzimmer.
(Der Schwerpunkt der Übung ist, dass die Schüler es schaffen, sich gegenseitig nicht zu berühren. Auch an engen Stellen muss man sehr vorsichtig aneinander vorbei gehen.)

Wird das Signal (Klatschen, Instrument) gegeben, verharren die Schüler in ihrer Position, z. B. in Schrittposition.

Verschiedene Laufarten sollten durchgeführt werden.
– Hopserlauf,
– Schneller Lauf,
– Kniehebellauf,
– Hände an den Knien,
– Lauf auf allen Vieren,
– usw.

Ausklangübung

Langsam, auf den Zehenspitzen, so leise durchs Zimmer laufen, dass man eine „Nadel fallen hören kann". *(Wenn möglich ausprobieren!)*

Varianten

- Wer sich nach dem Signal bewegt, muss auch am Platz auf- und abhüpfen.
- Die Lauffläche wird verkleinert. (nur halbes Klassenzimmer, nur Tafelraum)
- Die Arme müssen mitbewegt werden. (schwingen)
- Rhythmische Musik gibt einen schnelleren Bewegungsrhythmus vor. Stoppen der Musik bedeutet Stillstand.

Frei nach einer Idee von: Wiertsema (1998, 108) und Staatliches Schulamt Augsburg (1997, o. S.)

"Augsburger Puppenkiste"

Übung 9

7 Minuten
(inkl. Wechsel)

Schülerwertung

★★★★☆

Typ
Haltungsförderung, Konzentration

Material
Stuhl

Organisationsform
Partnerübung

Hinweise

- Die Schüler sollten an ihrem Platz stehen und ausreichend Raum zur Verfügung haben.

- Lassen Sie den Schülern genug Zeit, die Bewegungen durchzuführen.

- Ein Schüler sitzt, der Partner steht daneben.

„Augsburger Puppenkiste"

Hinführung

Ihr alle kennt die Augsburger Puppenkiste. Dort werden die Puppen durch lange Fäden bewegt. Der Puppenführer kann an den einzelnen Fäden ziehen und dadurch bewegen sich die Körperteile der Puppe.

Durchführung

Du sitzt auf dem Stuhl und bist die Marionetten-Puppe.
Dein Partner steht hinter dir und wird dich bewegen, indem er an deinen „Fäden" zieht. Du musst genau beobachten und die Bewegungen mitmachen.

In den meisten Fällen muss keine weitere Anweisung erfolgen.

Dennoch kann es gerade in den unteren Jahrgangsstufen hilfreich sein, eine kleine Geschichte zu erzählen, um den Schülern Bewegungsideen vorgeben zu können.

Zum Beispiel:
„Am Morgen: Die Marionette wacht auf und muss sich strecken ... erst den linken, dann den rechten Arm. Der Kopf wird hochgezogen und die Beine ausgeschüttelt, usw."

Nach zweieinhalb Minuten sollte der Wechsel erfolgen.

Ausklangübung

Du stehst vor einem Spiegel. Dein Partner ist der Spiegel und macht alle Bewegungen nach, die du ihm vormachst ...
Stell dir vor, du bist noch zu Hause und machst dich fertig für die Schule. (Zähneputzen, Händewaschen, Kämmen, Pausenbrot vorbereiten und einpacken, Schuhe und Jacke anziehen, Haustür schließen ...)

Aktivierung

Frei nach einer Idee von: Nickel (2003, 128ff)

„Überkreuzen, puh' ganz schön schwer"

Übung 10

🕐

7 Minuten

Schülerwertung

★ ★ ★ ☆ ☆

Typ
Koordination, Konzentration, Brain-Gym

Material
Kein Material erforderlich

Organisationsform
Einzelübung

Hinweise

- Die Schüler sollten an ihrem Platz stehen und ausreichend Raum zur Verfügung haben.

- Lassen Sie den Schülern genug Zeit, die Bewegungen zu probieren und zu üben.

- Nicht alle Übungen funktionieren auf Anhieb. Der „gute Wille" zählt!

„Überkreuzen, puh' ganz schön schwer"

Hinführung

Die Übungen, die wir jetzt machen, sind sehr schwer. Nicht immer funktionieren sie sofort. Wenn du dich aber bemühst, wirst du schnell besser werden. Wir fangen mit den leichten an.

Durchführung

1. **Nase und Ohr fassen:** Berühre mit der rechten Hand dein linkes Ohr und mit deiner linken Hand deine Nase. Tausche jetzt die Hände und werde dabei immer schneller.

2. Berühre nun mit der **linken Hand** deine **rechte Pobacke** – und umgekehrt.

3. Jetzt hebe **zusätzlich das Knie** an, das zur berührten Pobacke gehört. Versuche schnelle Seitenwechsel durchzuführen.

4. Eine neue Übung: **Ellbogen und Knie**. Hebe dein linkes Knie an und berühre es mit deinem rechten Ellbogen. *(wie auf dem Bild)* Pass aber auf, dass du nicht umfällst. Versuche auch wieder schnelle Wechsel.

Nun kommen die schwierigen Übungen:
1. Male **mit beiden Händen** gleichzeitig **zwei Sonnen** in die Luft.

2. **Bauch und Kopf.** Kreise mit der einen Hand auf deinem Bauch, während die andere Hand deinen Kopf streicheln soll.
(Kreisbewegung am Bauch, vor- und rückwärts auf dem Kopf)

3. **Kreis und Kreuz.** Male mit der einen Hand einen Kreis und mit der anderen ein Kreuz in die Luft.

Ausklangübung

Baum im Wind. Stelle dich gerade hin und schließe die Augen und sei ganz ruhig. Stelle dir vor, du bist ein Baum auf einem grünen Hügel – ganz alleine. Die Sonne scheint; ein warmer Sommertag.
Ein leichter Wind streift durch dein Gesicht. Er wiegt dich leicht vor und zurück – ganz sacht. Die warmen Sonnenstrahlen treffen deine raue Baumrinde. Du atmest ein und aus – tief ein und aus. Deine starken Wurzeln halten dich ganz fest, sie passen gut auf dich auf. Der Wind wiegt dich hin und her – hin und her.
Der Wind wird schwächer. Schließlich hört der Wind auf, es wird ganz still. Öffne deine Augen!

Frei nach einer Idee von: Oppolzer (2004, 77ff), Staatliches Schulamt Augsburg (1997, o. S.) und Vopel (1999, 145ff)

„Steine zerquetschen!"

Übung 11

🕓 5 Minuten

Schülerwertung

★★★★☆

Typ
Haltungsförderung, Vitalisierung

Material
Stuhl

Organisationsform
Einzelübung

Hinweise

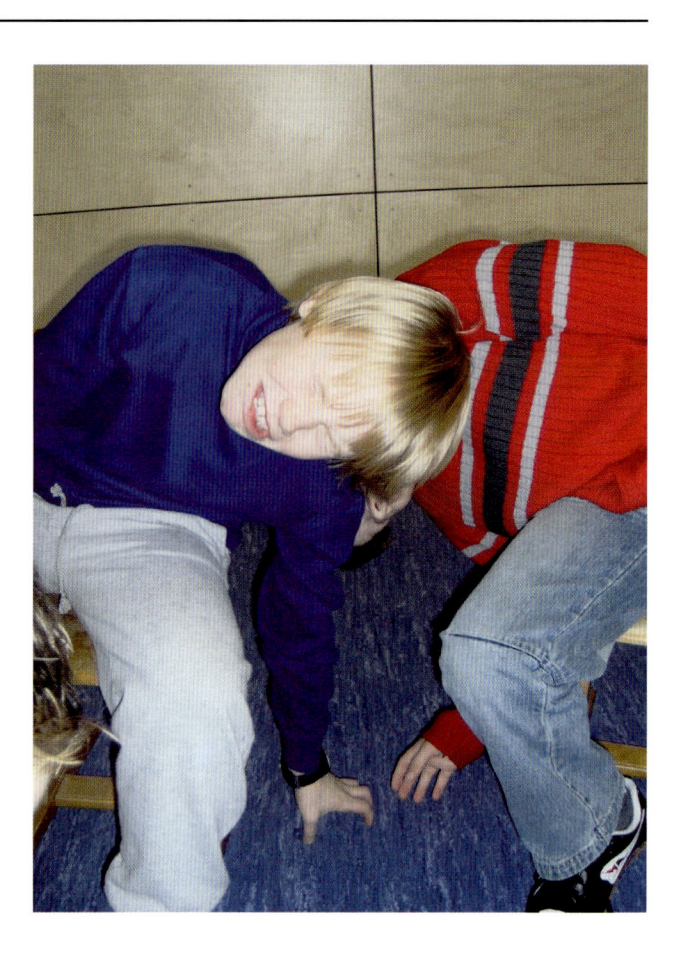

- Die Schüler sollten an ihrem Platz stehen können und zudem ausreichend Raum zur Verfügung haben.

- Lassen Sie den Schülern genug Zeit, die Bewegungen zu probieren und zu üben.

- Diese Übung kann alternativ auch ohne Stuhl durchgeführt werden. Die Schüler stehen dann bei allen Übungen.

„Steine zerquetschen!"

Aktivierung

Hinführung

Wir werden heute Steine ausquetschen, zuerst aber müssen wir über einige Hindernisse laufen. Du kannst alle Hindernisse an deinem Platz bewältigen.

Durchführung

1. Wir laufen normal auf einem Wanderweg.
2. Damit wir schneller zu den Steinen kommen, joggen wir.
3. … steil bergauf …
4. … steil bergab …
5. … springen über einen kleinen Bach und …
6. … waten durch hohes Wasser.

> Hier ist die Kreativität der Schüler gefragt.
> Daher sollte die Lehrkraft in diesem Teil nur wenn erforderlich mitmachen.

Wir sind angekommen, bevor wir Steine quetschen können, müssen wir unseren Rücken aufwärmen. Dazu setzen wir uns auf die vordere Kante unseres Stuhls und stellen die Füße unter den Stuhl.
Zuerst kippen wir unsere Becken vor und zurück (5x), dann kippen wir es seitlich (5x).
Wir heben unsere Schultern hoch und lassen sie fallen (5x).
Bewegen sie vor und zurück (5x).
Wir strecken den Kopf so hoch wie es geht, dabei müssen wir ganz gerade sitzen.

Wir beugen uns seitlich herab und heben mit beiden Händen je einen *(imaginären)* großen Stein auf.

Versuche nun die Steine zu zerquetschen! Kräftig! *[Tiefenmuskelentspannung]*
Lasse locker – und probiere es nochmals, kräftiger!
Entspanne deine Arme.
Noch ein letztes Mal – quetschen!

Ausklangübung

Gut, die Steine sind jetzt ganz ausgequetscht und klein!
Schüttle deine Arme aus, wedle die Kiesel von deinem Schoß und lege deine Arme anschließend ganz entspannt auf den Tisch.

Variante

Die Wanderung kann verlängert werden. Es können weitere Hindernisse eingebaut werden. (Unter dem Tisch durch, über Stühle hinweg, …)

Frei nach einer Idee von: Staatliches Schulamt Augsburg (1997, o. S.) und der Autoren

„Halber Stuhl"

Übung 12

6 Minuten

Schülerwertung

★★★☆☆

Typ
Haltungsförderung, Koordination

Material
Stuhl, Tisch in Reichweite

Organisationsform
Einzelübung

Hinweise

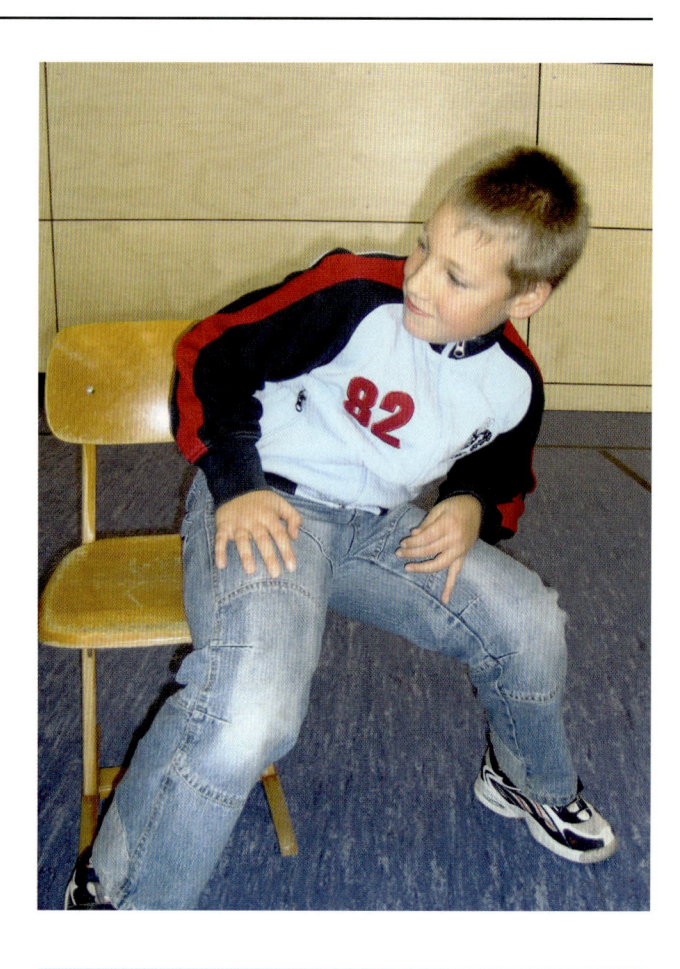

- Die Schüler sitzen bei allen Übungsteilen immer nur mit einem Teil des Gesäßes auf dem Stuhl.

- Lassen Sie den Schülern genug Zeit, die Bewegungen zu probieren und zu üben. Jede Aufgabe ca. 30 Sekunden lang ausführen.

- Es sollte auf einen geraden Rücken geachtet werden!

„Halber Stuhl"

Hinführung

In den folgenden Übungen werden wir mit unserem Po arbeiten.
Zuerst werden wir ganz vorne auf der Stuhlkante sitzen. Später wird dann der halbe Po seitlich neben dem Stuhl schweben.
Nun geht es aber erst einmal an die vordere Kante.

Durchführung

Mache kleine Schritte mit den Füßen vorwärts, bis du ganz vorne auf der Stuhlkante sitzt: *(nur der hintere Teil des Pos berührt den Stuhl)*

1. Strecke dich zur Seite, **links und rechts** *(15 sek.)*, dann lehne dich weit **vor und zurück**. *(15 sek.)*
2. **Drehe deine Schultern** nun langsam nach rechts und links – nimm den Kopf auch mit.
3. Mache einen ganz **runden Katzenbuckel** nach vorne und richte dich ganz langsam wieder auf – mit dem Kopf zuerst. *(Hohlkreuz)*
4. Lege deine Hände auf den Tisch und **drücke dich hoch** – achte dabei besonders auf einen geraden Rücken – und wieder runter. *(3x)*

Nachdem du dich wieder auf deinen Stuhl gesetzt hast, rutsche nun ganz zur Stuhlseite und darüber hinaus, so dass dein halber Po in der Luft schwebt:

5. Versuche nun vorsichtig ein **Bein anzuheben** und ganz **auszustrecken** – und das andere. Merkst du, wie das eine Bein schwerer zu heben ist als das andere? Hochheben und ausstrecken. *(Wechsel)*
6. Wandere nun mit dem **Po an die andere Seite** des Stuhls, so dass wieder nur eine Pobacke auf dem Stuhl sitzt. Achte wieder auf einen geraden Rücken!
7. **Hebe und senke** die freie Pobacke mehrfach in der Luft.
8. Beuge dich **vor und zurück** – wir wandern nochmals auf die andere Stuhlseite, so dass die andere Pohälfte in der Luft schwebt und wiederholen die letzte Übung. *(heben/senken, vor/zurück, kreisen)*

Ausklangübung

Wandere mit deinem Po wieder zur Mitte, beuge dich vor und lasse die Arme hängen. Atme 10x tief ein und aus.

Variante

- Nahezu alle Beckenübungen, bei denen man gegen die Schwerkraft arbeiten muss. (Stabilisierende Wirkung)

Idee: Die Autoren

Übung 13 — „Roboter"

6 Minuten
(inkl. Wechsel)

Schülerwertung

★ ★ ★ ★ ★

Typ
Konzentration, Körpererfahrung

Material
Kein Material erforderlich

Organisationsform
Partnerübung

Hinweise

- Die Schüler bilden Paare.
- Die Schülerpaare sollten sich frei durchs Klassenzimmer bewegen können.
- Stühle und Ranzen unter die Tische schieben, Raum vor der Tafel mitnutzen.
- Die Übung hat den größten Platzbedarf.

„Roboter"

Hinführung

Roboter kann man programmieren, damit sie bestimmte Aufgaben ausführen können. Allerdings muss man einem Roboter immer wieder durch Zeichen Befehle geben, um seine Bewegungen steuern zu können. Wichtig ist es, dass diese hochempfindlichen, technischen Geräte nirgends anstoßen – stoppe deinen Roboter frühzeitig und lieber einmal zu oft!

Durchführung

Stellt euch paarweise hintereinander auf. Der Vordere von euch ist ein Roboter. Euer Partner ist der Programmierer und wird euch durch das Klassenzimmer führen.

So könnt ihr euren Roboter programmieren: Der Roboter läuft, wenn er zwischen den Schultern angetippt wird, langsam vorwärts. Bei Berührung der linken Schulter dreht er sich nach links, nach rechts, wenn die rechte Schulter berührt wird. Wird die Hand auf den Kopf gelegt, bleibt der Roboter sofort stehen. Berührt man beide Schultern des Roboters, läuft dieser sehr langsam rückwärts.

→ Die Schülerpaare wandern durch das Klassenzimmer.

Je nach Klassenverhalten können **zusätzliche** Aufgaben gestellt werden. *(Die Tafel berühren oder über einen Stuhl steigen oder einen anderen Roboter begrüßen)* Wechsel nach ca. 2 Minuten.

Ausklangübung

Entspannung: Tischatmung.
Setzt euch hin und legt die Hände vor euch auf den Tisch. Beugt euch ganz tief herab und atmet aus. Während ihr tief einatmet, hebt ihr ganz langsam den Kopf, bis ihr aufrecht sitzt. Wiederholt die Übung dreimal.

Varianten

- Die Roboter erhalten weitere Funktionen. Zum Beispiel:
  a. Etwas aufheben, bei der Berührung des Unterarms.
  b. Hinsetzen, bei Berührung der Hüften des Partners, usw.

- Fantasie-Roboter: Ein Schüler ist der Roboter und bewegt sich am Platz. Der Roboter hat sich vorher einen Ausschaltknopf ausgedacht. (Hand, Fuß, Ohr, etc.) Der Partner muss versuchen, den Knopf zu finden, um den Roboter auszuschalten. Hat er den Knopf gefunden, wird gewechselt.

Frei nach einer Idee von: Wiertsema (1998, 75) und Oppolzer (2004, 110)

„Bildtelefon"

Übung 14

🕐 5 Minuten

Schülerwertung

★★★★☆

Typ
Aktivierung, Vitalisierung

Material
Kein Material erforderlich

Organisationsform
Partnerübung

Hinweise

- Die Schüler sollten aufstehen. Die Paare dürfen nicht nebeneinander stehen. Jeder bekommt einen Partner auf der anderen Seite des Raumes.

- Besonders gut ist dieses Spiel nach einer längeren Einzelarbeit, da es die Konzentration wieder auf die anderen Gruppenmitglieder lenkt.

- Obwohl eigentlich keine Worte nötig sind, kann es lauter werden …

„Bildtelefon"

Hinführung

Dieses Spiel heißt „Bildtelefon".
Hier geht es nicht darum etwas zu tun, sondern sorgfältig zu beobachten. Jeder beobachtet seinen Partner auf der anderen Seite des Klassenzimmers. Ihr müsst so lange wie möglich still stehen ...

Durchführung

(Den Kindern evtl. in der Zuordnung helfen. Wichtig ist, dass die Partner sich sehen können.)

Dein Partner ist dein Telefongesprächspartner.

Jeder hält einen gedachten Telefonhörer an sein Ohr und steht bewegungslos auf seinem Platz.

Du beobachtest und beobachtest, aber wenn du siehst, dass dein Partner sich bewegt hat, dann bewegst du dich auch, und zwar ein klitzekleines bisschen mehr.

Wenn dein Partner z. B. mit dem Finger wackelt, wackle du mit zwei Fingern. Dein Partner muss dann wieder ein wenig mehr wackeln. Also mit drei Fingern – usw ...
Man muss immer mehr wackeln, als man beim Partner gesehen hat!
Bitte sprecht dabei kein Wort.

Die Bewegungen werden also immer heftiger, bis alle Teilnehmer sich voll und ausgiebig bewegen!

(Stoppen Sie, wenn das Spiel seinen Höhepunkt erreicht hat. 3–5 Minuten)

Ausklangübung

Setze dich ganz still an deinen Platz – schließe die Augen und genieße die Ruhe!

Frei nach einer Idee von: Vopel (1999, 72)

„Simon says …"

Übung 15

🕐 5 Minuten

Schülerwertung

★★★★★

Typ
Konzentration

Material
Kein Material erforderlich

Organisationsform
Gruppenübung

Hinweise

- Die Schüler sollten bereits ein paar Grundbegriffe in Englisch beherrschen.

- Sollten die englischen Begriffe zu große Probleme bereiten, so kann das Spiel analog auch auf Deutsch durchgeführt werden.

- Bei der erstmaligen Durchführung ist es sinnvoll, den Schülern alle Anweisungen kurz vorzustellen.

„Simon says …"

Aktivierung

Hinführung

Simon gibt gerne den Ton an. Jetzt folgen wir ihm sogar einmal …
Ihr dürft die Bewegungen nur ausführen, wenn Simon sagt, was ihr tun sollt. Also nur bei: „Simon says …" Sonst dürft ihr euch nicht bewegen!

Durchführung

Die Lehrkraft gibt die Anweisungen. Die Schüler sollen die auf Englisch gegebenen Bewegungen ausführen, sofern die Anweisung mit „Simon says …" beginnt.

Simon says,	clap your hands.	(Schüler klatschen in die Hände)
–	Turn around.	(Schüler verharren still)
Simon says,	sit down.	(Schüler setzen sich)
Simon says,	stand up.	(Schüler stehen auf)
–	Lift your arms.	(Schüler verharren still)
Simon says,	jump!	(Schüler springen)
usw.		

Weitere Befehlsmöglichkeiten hängen von den Englischkenntnissen der Klasse ab. Hier noch einige Beispiele:

Turn around and clap your hands – touch your head – jump and turn around – turn left – turn right – lift left arm – lift right arm – touch your ear – touch your nose …

Ausklangübung

Wenn du wieder an deinem Platz sitzt, schließe deine Augen und massiere deinen Kopf. Stell' dir vor, du würdest auf deinem Kopf ein Klavierstück spielen. Erst langsam, dann immer schneller. Tiefe und hohe Töne …

Varianten

- Schüler geben die Anweisungen.
- Eine irrtümlich ausgeführte Bewegung hat eine Konsequenz. Die jeweiligen Schüler müssen dann eine sportliche Aufgabe lösen; z.B. drei Liegestütze, einen Tanz aufführen, etc.
  (In keinem Fall sollten die Schüler einfach ausscheiden, da es sich um eine Bewegungspause handelt …)

Frei nach einer Idee von: Unbekannte Quelle

Entspannungsübungen

Übung 16

"Einmal eine Semmel sein …"

8 Minuten
(inkl. Wechsel)

Schülerwertung

★ ★ ★ ★ ★

Typ
Entspannung

Material
Stuhl, Tisch, ruhige Musik,
6–7 Bücher oder Hefte

Organisationsform
Partnerübung

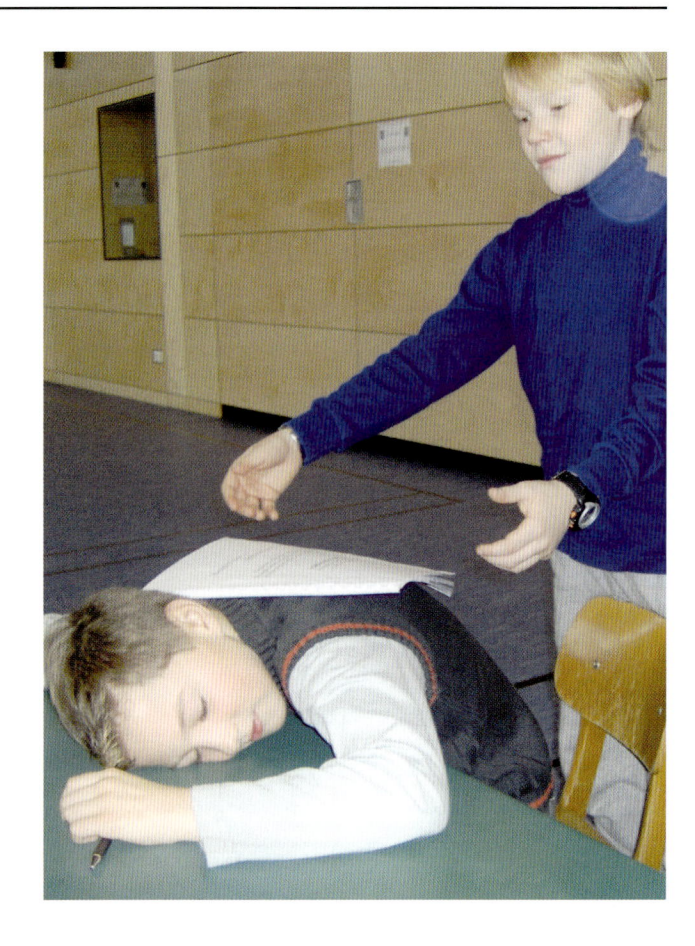

Hinweise

- Die Entspannung ist besonders intensiv, wenn die Kinder diese Übung im T-Shirt durchführen, da die Kontaktflächen besser wahrgenommen werden.

- Alternativ sollten die Schüler zumindest die Pulloverärmel hochkrempeln.

„Einmal eine Semmel sein …"

Entspannung

Hinführung

Einmal eine Semmel sein und mit richtig leckeren Sachen belegt zu werden, das ist schön. Dabei geht es der Semmel wirklich gut. Heute darfst du die lecker belegte Semmel sein.

Durchführung

Bilde mit deinem Nachbarn ein Paar.
Einer von euch setzt sich und legt den Kopf mit der Wange auf den Tisch. Lege auch deine Arme neben den Kopf auf die Tischplatte und schließe deine Augen.
(Lausche der Musik)

Dein Partner wird dich nun vorsichtig mit vielen leckeren Dingen belegen. Achte darauf, dass der Belag nicht herunterfällt!

Die Lehrkraft legt nun – wenn möglich non-verbal – die Körperstelle fest, auf die ein Buch gelegt werden soll: rechte Hand, linker Arm usw.

Nachdem alle Bücher verteilt sind, sollten sie noch eine Weile liegen gelassen werden, bevor sie langsam wieder weggenommen werden.

Es erfolgt ein Partnerwechsel.

Variante

- Die Schüler liegen auf dem Boden.
  (ggf. Unterlage verwenden, mehr Bücher nötig)

Frei nach einer Idee von: GUV Westpfahlen-Lippe et. al. (1999, 18)

„Körperreise – die blaue Atmung"

Übung 17

7 Minuten

Schülerwertung

★★★★☆

Typ
Entspannung

Material
Stuhl, Tisch, Entspannungsmusik

Organisationsform
Einzelübung

Hinweise
- Lesen Sie den Text mit behutsamer Stimme langsam vor. Machen Sie Pausen beim Lesen.

„Körperreise – die blaue Atmung"

Hinführung

Wir werden nun eine Reise durch unseren Körper machen.
Setze dich entspannt auf deinen Stuhl und lege deinen Kopf auf den Tisch. Am besten legst du deinen Kopf auf deine Hände, die auch auf dem Tisch liegen, damit es angenehmer ist.

Durchführung

Schließe deine Augen und höre der Musik genau zu.

Du atmest tief ein und aus. Höre deiner Atmung genau zu, dann kannst du vielleicht sogar die Luft hören, die durch deinen Körper strömt.

Du spürst, wie deine Arme schwer werden, und auch der Kopf wird schwerer. Deine Augen sind fest geschlossen, fast so als würdest du schlafen.

Stell dir vor, du würdest blaue Luft atmen. Blaue Luft strömt durch deine Nase in deine Lunge und wieder hinaus. Du atmest wieder ein und aus. Die blaue Luft tut gut, und du merkst, wie dein Körper sich auf die gute, blaue Luft freut.

Du merkst, wie langsam dein ganzer Bauch voll blauer Luft ist. Wenn du deine Arme fühlst, stellst du fest, dass auch schon die Schultern blau geworden sind.

Langsam zieht die blaue Luft in die Arme. Immer weiter, bis in die Hände. Die Hände sind schon sehr schwer geworden, und die gute blaue Luft strömt bis in die Fingerspitzen.

Vom Bauch aus merkst du, wie das Blau langsam zum Rücken wandert.
Erst ganz unten am Rücken, dann kommt das Blau immer höher. Du merkst, wie die blaue Luft an der Wirbelsäule nach oben klettert. Jetzt ist sie in der Mitte und klettert weiter zum Hals; durch den Hals bis in den Kopf, der immer noch schwer auf den Händen liegt.

Du atmest die blaue Luft aus. Die ganze blaue Luft wird ausgeatmet.
Zuerst weicht die Luft aus den Fingern, zurück in die Arme. Aus den Armen, zurück in die Schultern. Die blaue Luft von den Schultern wird kräftig ausgeatmet. Auch das Blau im Rücken wird kräftig ausgeatmet. Du kannst die Luft sogar strömen hören.

Die blaue Luft aus dem Bauch wird ausgeatmet. Noch mal und noch mal. Nun ist alle blaue Luft ausgeatmet und sie verteilt sich im Raum.
Sie ist fast nicht mehr zu sehen.

Du atmest ruhig weiter.
Öffne langsam deine Augen, strecke dich, und wenn du magst, setze dich wieder normal an deinem Platz hin.

Idee: Die Autoren

"Wettermassage"

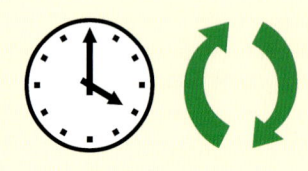

Übung 18

🕐 🔄

8 Minuten
(inkl. Wechsel)

Schülerwertung

★ ★ ★ ★ ★

Typ
Entspannung

Material
Stuhl

Organisationsform
Partnerübung

Hinweise

- Die Entspannung ist besonders intensiv, wenn die Kinder diese Übung im T-Shirt durchführen, da die Kontaktflächen besser wahrgenommen werden.

- Die Lehrkraft sollte die Bewegungen zumindest in der Luft mit den Händen andeuten, damit die massierenden Schüler einen Anhalt haben, welche Massagebewegungen sinnvoll sind.

„Wettermassage"

Hinführung

Diese Übung führst du zusammen mit deinem Banknachbarn aus.
Einer setzt sich verkehrt herum auf den Stuhl und lehnt sich nach vorne. Mache es dir gemütlich. Lege vielleicht sogar deinen Kopf auf die Stuhllehne.

Durchführung

Stell dir vor, du bist ein Land, dein Rücken ist ein Acker am Berghang. – Es ist Winter. – Das ganze Land liegt ruhig und starr da. – Es ist Winter und auf der Oberfläche lebt nichts. – Das Land träumt von der wärmenden Sonne und dem Regen, der das Leben bringt. – Nun aber ist erst einmal Stille. Winterruhe. – Da fallen ein paar einzelne Schneeflocken sanft auf das Land. *(Der stehende Partner berührt jetzt mit einzelnen Fingerspitzen sachte den Rücken und wandert dabei von der Schulter nach unten)*
Jetzt kommt ein Schneegestöber auf, und viele Schneeflocken fallen auf das Land. *(Die Fingerkuppen huschen schnell über den Rücken)*
Der Schnee legt sich als schwere Last auf das Land. *(Handflächen werden sanft aufgelegt und drücken leicht)*
Es kommt ein Wind auf. *(Die Handflächen fahren auf dem Rücken hin und her)*
Frühling – der Schnee beginnt zu schmelzen. – Das Wasser fließt in Bächen zum Tal. *(Die Fingerkuppen fahren mit Druck den Rücken hinab)*
Wolken ziehen auf und Regen fällt. *(Die Finger trommeln auf dem Rücken)*
Wind kommt auf und vertreibt die Wolken. *(Die Handflächen wandern von links nach rechts)*
Der Wind wird immer schwächer, die Wolkendecke reißt auf und die Sonne kommt hervor. Das Land erwacht und ist fit für den Frühling.

Varianten

- Nach dem Partnerwechsel wird eine Sommergeschichte erzählt, mit prasselndem Regen, Gewitter usw. Es kann der gesamte Jahreslauf erzählt werden.
- Gruppenmassage. Die Schüler bilden zunächst einen Kreis. Es drehen sich alle nach rechts, so hat jeder den Rücken des Nachbarn vor sich. Ein intensives Gruppenerlebnis!
- „Beim Pizzabäcker" – Der Schülerrücken stellt einen Pizzaboden dar und wird mit allerlei belegt. Zum Beispiel: Tomaten, die zerquetscht und verrieben werden müssen, Zwiebelringen, Käse, der drübergesprenkelt wird, usw …

Frei nach einer Idee von: GUV Westpfahlen-Lippe et. al. (1999, 38)

„Die Ameise und das Buch"

Übung 19

5 Minuten

Schülerwertung

★★★★☆

Typ
Entspannung

Material
Stuhl, Tisch, dickeres Schulbuch

Organisationsform
Einzelübung

Hinweise

- Lesen Sie den Text mit behutsamer Stimme langsam vor.

- Geben Sie während dem Lesen genug Zeit, um die Bewegungen auf dem Buch nachspielen zu können!

Bockemühl/Pfister: Die allerbesten Bewegungspausen
© Brigg Pädagogik Verlag GmbH, Augsburg

„Die Ameise und das Buch"

Hinführung

Lege ein Schulbuch vor dich auf den Tisch.
Mache es dir gemütlich und lehne dich zurück! Wenn du willst, schließe deine Augen. Höre zu, denn ich werde dir eine Geschichte von der Ameise Ferdinand vorlesen! Spiele die Geschichte mit deinem Finger auf dem Buch mit!

Durchführung

Die Ameise Ferdinand klettert vom Tisch aus über die Ecke des Buches.

Oben angekommen schaut er sich um und überlegt, wohin er jetzt gehen soll. Schnell läuft Ferdinand drei Schritte vorwärts. Er bleibt stehen, schaut umher und läuft rasch fünf Schritte weiter, um dann wieder zu verharren.

Einen Blick nach links, einen nach rechts, dann läuft er rasch zu einer anderen Ecke des Buches.
Dort angekommen, geht er gemächlich, indem er vorsichtig einen Fuß vor den anderen setzt, die Außenkante des Buches entlang.

An der nächsten Ecke angekommen, blickt Ferdinand rüber zur Gegenseite, dreht sich um und richtet sich auf. „Es muss doch lustig sein", denkt er, „einmal seitlich bis zu der anderen Ecke dort zu laufen, ohne dass sich meine Füße berühren!"

Aufgeregt steigt er von einem Bein auf das andere und marschiert los. An der Ecke angekommen, muss er sich erstmal ausruhen. Dann dreht Ferdinand sich zweimal und frisst tüchtig.

Er läuft schnell zur Mitte, streckt sich in die Höhe, um in alle Himmelsrichtungen blicken zu können. Dann trinkt er in Ruhe.

So gestärkt tanzt er über das ganze Buch bis zu seiner Lieblings-Buchecke. Dort legt Ferdinand sich hin und schläft in Ruhe und Zufriedenheit ein.

Entspannung

Frei nach einer Idee von: Staatliches Schulamt Augsburg (1997, o. S.)

„Wiesenwanderung"

Übung 20

🕐 5 Minuten

Schülerwertung

★★★★☆

Typ
Entspannung

Material
Stuhl

Organisationsform
Einzelübung

Hinweise

- Lesen Sie den Text mit behutsamer Stimme langsam vor.

- Bevor die Übung beginnt, sollte der Lehrer die Klasse sammeln, beruhigen und mit ruhiger Stimme auf die Geschichte einstimmen.

- Gegebenenfalls an die Jahreszeit anpassen.

„Wiesenwanderung"

Hinführung

Ich werde dir eine Geschichte vorlesen.
Setze dich ganz gemütlich auf deinen Stuhl und lehne dich zurück. Lege deine Hände in den Schoß und lausche!

Durchführung

Du sitzt entspannt auf deinem Stuhl und fühlst dich ganz schwer. Du kannst deinen ganzen Körper genau fühlen. Du bist ganz schwer. Gelöst und ruhig hängen deine Arme. Deine Hände und Arme sind ganz schwer, dein Nacken und deine Schultern sind ganz schwer, auch deine Füße und Beine sind ganz schwer und dein Gesicht ist ganz entspannt und gelöst. Du lässt los und gibst alle Anspannung weg von dir. Du bist ruhig und entspannt.

Du bist auf einer großen, weiten Wiese.
Du läufst durch diese Wiese.
Du spürst unter deinen Füßen das Gras,
es ist biegsam, weich und durch die Sonne ganz warm.
Du hast richtig Lust, dich ins Gras zu legen.
Unter dir kannst du das Gras spüren und es fühlt sich an wie eine warme, weiche Decke.
Du kannst viele Gräser und Blumen sehen.
Kleine Käfer krabbeln durch die Wiese.
Du kannst sogar das Gras riechen und die Erde, die gute Luft.
Ein Schmetterling schaukelt an dir vorbei.
Du kannst seine schönen Farben und Muster erkennen.
Die Bienen summen und schwirren gemütlich an dir vorbei.
Du schaust in den Himmel.
Die weißen Wolken haben viele schöne Formen und sehen wie kleine Tiere aus.
Du bist ganz ruhig und entspannt.
Ruhe durchströmt dich.

Atme tief durch.
Öffne deine Augen und strecke dich leise. Bleibe ganz still sitzen und schaue zu mir.

Variante

Die Geschichte kann ohne große Probleme an die jeweilige Jahreszeit angepasst werden, um gerade jüngeren Schülern die „Vorstellung" zu erleichtern.

Frei nach einer Idee von: Quelle unbekannt

Literaturverzeichnis

Die vorliegenden Bewegungspausen sind von den Autoren entwickelt, zusammengestellt und optimiert worden. Viele der Übungen sind auf Grund von Gesprächen mit Lehrern und Pädagogen aufgenommen worden, da sich hier bereits die Funktionalität der Übungen in der Praxis bestätigt hat. Des Weiteren haben wir viele Ideen aus Spiel- und Übungsbüchern gewonnen, um die Einzelelemente der Bewegungspausen zusammen zu stellen. Die im Folgenden aufgelistete Literatur wollen wir allen Lehrerinnen und Lehrern ans Herz legen, die mit der Bewegungspause arbeiten, und wir danken den Autoren dieser Werke für die guten und zahlreichen Anregungen.

AMLER, W./KNÖRZER, W. (1999) *Fit in 5 Minuten. Bewegungspausen in der Schule, Seminar, Beruf und Alltag.* Heidelberg: Haug

BAYERISCHES STAATSMINISTERIUM FÜR UNTERRICHT UND KULTUS (2001), *Bewegte Schule.* Band 2. Eine Initiative des Bayerischen Staatsministeriums für Unterricht und Kultus mit Unterstützung der Akademie für Lehrerfortbildung und Personalführung Dillingen, des Bayerischen Unfallversicherungsverbandes, der Bayerischen Landesunfallkasse und der AOK Bayern. München: Fachpublika Wehner

BOCKEMÜHL/PFISTER (2006), *Kurze Pause...und was jetzt?* Entwicklung eines praxisorientierten Übungskatalogs zur verbesserten Umsetzung der Bewegungspause in den Jahrgangsstufen 1–5, Universität Augsburg

GEMEINDEUNFALLVERSICHERUNGSVERBAND WESTPHALEN-LIPPE/RHEINISCHER GEMEINDE-UNFALLVERSICHERUNGSVERBAND/AOK WESTPHALEN-LIPPE/AOK RHEINLAND (1999) *Mehr Bewegung in die Schule. Ideen für eine bewegungsfreudige Gestaltung des Unterrichts in Grund- und Sonderschulen.* 2. Auflage. Seelze: Friedrich

KNAUF, T. & POLITZKY, S. (2000) *Die Bewegte Grundschule. Idee und Praxis. Vom Lernen mit allen Sinnen bis zur Phantasiereise.* Hohengehren: Schneider Verlag.

KRATZEL, C./BRINK, M. (1999) *PowerPausen. Die wirksamsten Körperübungen für die Bewegungspause zum Entspannen, Energietanken und Wohlfühlen.* Paderborn: Jungfermannsche Verlagsbuchhandlung

LÖSCHER, W. (1979) *Bewegungsspiele zur Förderung der Feinmotorik.* Freising: Sellier

LORENZ, T. (1995) *Allerhand. 66 Hand- und Fingerspiele. Spielformen für Kinder und Erwachsene.* Boppard/Rhein: Fidula

LÜTGEHARM, R. (1999). *Kinder lernen spielerisch. Bewegungsspaß für Rücken, Haltung, Atmung und Entspannung.* München: Domino.

MÜLLER, M. (1999/2003). *Grundlagen der visuellen Kommunikation. Theorieansätze und Analysemethoden.* Konstanz.

NICKEL, F. (2003) *Bewegungskonzepte. Bewegen, Spielen, Darstellen.* Schorndorf: Hoffmann

OPPOLZER, U. (2004) *Bewegte Schüler lernen leichter. Ein Bewegungskonzept für die Primarstufe, Sekundarstufe I und II.* Dortmund: Borgmann

PALM-SCHEEL, L. (o.J.). *Bewegte Kids fit (fröhlich, ideenreich, tatkräftig) durch den Winter. Handreichung zur Aktion an Grundschulen.* Ort unbekannt.

REGENSBURGER PROJEKTGRUPPE (1999/2001). *Bewegte Schule – Anspruch und Wirklichkeit. Grundlagen, Untersuchungen, Empfehlungen.* Schorndorf: Hoffmann.

SCHRENK, H./FLOCKERZIE, K. (o. J.) *Die Schule bewegt sich.* Weilheim/Teck: Bräuer

STAATLICHES SCHULAMT AUGSBURG (1997) *Bewegungspause im Klassenzimmer.* Handreichung als Arbeitshilfe für KlassenleiterInnen, Sportlehrkräfte, Sportobleute, interessierte Lehrkräfte, Schulleitungen an Grund-, Haupt- und Förderschulen. Augsburg.

STEICHELE, B. (2003). *Die Bewegte Schule – Ein Vergleich des theoretischen Anspruchs mit der tatsächlichen Verwirklichung in der Situation Schule – eine exemplarische Studie an Augsburger Grundschulen.* Universität Augsburg, Magisterarbeit.

VÖLKENING, M. (1997) *Meine schönsten kooperativen Spiele.* Bergheim: AA-Verlag für Pädagogik

VOPEL, K. (1999) *Powerpausen. Leichter lernen durch Bewegung ab 12 Jahren.* Salzhausen: iskopress

VOPEL, K. (2000) *Spiele, die verbinden. Band 1.* Salzhausen: iskopress

VOPEL, K. (2000) *Spiele, die verbinden. Band 2.* Salzhausen: iskopress

WIRTSEMA, H. (1998) *100 Bewegungsspiele für Unterricht und Jugendarbeit.* Seelze: Kallmeyer

ZIMMER, R. (1989) *Kreative Bewegungsspiele. Psychomotorische Förderung im Kindergarten.* 9. Auflage, Freiburg: Herder

ZIMMER, R. (1995) *Schafft die Stühle ab! Bewegungsspiele für Kinder.* Freiburg: Herder

BRIGG Pädagogik VERLAG

Der neue Pädagogik-Fachverlag für Lehrer/-innen
Materialien für einen lebendigen Unterricht!

Hugo Scherer

Der neue Grundschulsport

Band 1

Von einfachen Hindernisbahnen zu vielseitigen Bewegungslandschaften

1.–4. Klasse

120 S., DIN A4, Kopiervorlagen

Best.-Nr. 300

Band 2

Spiele, Übungen und Wettkämpfe mit Klein- und Großgeräten

1.–4. Klasse

112 S., DIN A4, Kopiervorlagen

Best.-Nr. 438

Diese neuen Sport-Grundlagenbände liefern **eine Fülle motivierender Ideen** für einen praxisnahen und erfolgreichen Sportunterricht. Nach einer knappen methodischen Einführung werden im umfangreichen Praxisteil alle Stundeneinheiten detailliert mit Lernzielen, dem Bewegungsablauf, den benötigten Geräten und genauen Hinweisen zur Durchführung aufgezeigt und beschrieben. **Präzise Skizzen** veranschaulichen zusätzlich den Aufbau und Bewegungsablauf und stellen alle benötigten Geräte dar.
Die praxiserprobten Bände helfen besonders auch **fachfremd unterichtenden Lehrkräften**, Sportstunden, an denen die Kinder Spaß und Freude haben, mit wenig Organisations-, Material- und Zeitaufwand durchzuführen.

Axel Rees / Stefan Noster / Tobias Gimmi

Hip-Hop in der Schule

Coole Choreografien für Kinder und Jugendliche

DVD und Audio-CD

Teil 1
Best.-Nr. 340

Teil 2
Best.-Nr. 341

Tanz und Bewegung nach **Hip-Hop-Rhythmen** liegen voll im Trend bei Jugendlichen – machen Sie sich diese Begeisterung für Ihren Unterricht zu Nutze! **Schritt für Schritt** werden Choreografien gezeigt und erklärt. Die Audiotracks sind in vier gängige Tempi eingeteilt, die auf alle aktuellen Hits angewandt werden können. **Für Profis und fachfremd unterrichtende Lehrkräfte!**

Gabi Bamler

Unsere bunte Mittagswelt

Ein Ratgeber für die Mittagsbetreuung an Grundschulen

62 S., kart.

Best.-Nr. 255

Ein erprobter, praktischer **Leitfaden** mit leicht umsetzbaren Ideen für Aggressionsabbau, Stärkung sozialer Fähigkeiten sowie Tipps für sinnvolle Beschäftigungsangebote während der Mittagszeit.

Weitere Infos, Leseproben und Inhaltsverzeichnisse unter
www.brigg-paedagogik.de

Bestellcoupon

Ja, bitte senden Sie mir / uns mit Rechnung

_____ Expl. Best.-Nr. _____

_____ Expl. Best.-Nr. _____

_____ Expl. Best.-Nr. _____

_____ Expl. Best.-Nr. _____

Meine Anschrift lautet:

Name / Vorname

Straße

PLZ / Ort

E-Mail

Datum/Unterschrift   Telefon (für Rückfragen)

Bitte kopieren und einsenden/faxen an:

**Brigg Pädagogik Verlag GmbH
zu Hd. Herrn Franz-Josef Büchler
Zusamstr. 5
86165 Augsburg**

☐ Ja, bitte schicken Sie mir Ihren Gesamtkatalog zu.

Bequem bestellen per Telefon / Fax:
Tel.: 0821 / 45 54 94-17
Fax: 0821 / 45 54 94-19
Online: www.brigg-paedagogik.de